Hubert TASSIN

LA VIE DES MAÎTRES

Hubert TASSIN

LA VIE DES MAÎTRES

Découvrez l'être intérieur

Éditions Vie

Cover image: www.ingimage.com

Publisher:
Éditions Vie
is a trademark of
Dodo Books Indian Ocean Ltd. and OmniScriptum S.R.L publishing group

120 High Road, East Finchley, London, N2 9ED, United Kingdom
Str. Armeneasca 28/1, office 1, Chisinau MD-2012, Republic of Moldova, Europe
Printed at: see last page
ISBN: 978-613-9-59507-5

LA VIE DES MAÎTRES

TABLE DES MATIÈRES :

Avant-propos.

Avant toute chose, je tiens à avertir toutes personnes sensibles aux doctrines religieuses, que ce qui est écrit dans cet ouvrage, n'a absolument pas un but de moquerie, ni rabaisser quiconque.

Vous êtes libre de croire et aussi autant de liberté de ne pas croire.

Mais par souci d'apporter des faits sur des sujets qui me touchent personnellement.

Le développement personnel est un sujet qui me tient particulièrement à cœur.

Je recherche sans arrêt des méthodes qui peuvent enrichir mes connaissances et aussi pour les partager avec mes lecteurs et mes lectrices.

Je suis né dans une famille influencée par le christianisme, depuis très jeune toutes ces doctrines ont créé en moi beaucoup de souffrances, des multiples questions sans réponse et une remise en cause de l'existence de Dieu.

En réalité, je n'ai jamais cru à cette doctrine et rien qui puisse vraiment m'intéresser.

Ce livre, je l'ai écrit avec un désir profond, d'apporter des réponses sur tous ces sujets spirituel qui nous touchent tous.

Et pour vous permettre une application immédiate en ce qui concerne leur aspect pratique.

Je l'habitue d'en parler, mais plus que tout, c'est donné des multiples chemins pour que vous puissiez avoir des preuves à travers votre propre démarche personnelle.

La vérité est dans la vertu et la simplicité.

À travers différents exercices pour chaque sujet, vous aurez accès à un ou plusieurs méthodes pour vivre toute cette réalité cachées.

Afin que chaque personne puisse accéder au vrai pouvoir divin.

Je m'appuie sur ce que j'ai acquis et développés pendant plusieurs années des recherches, d'études et d'entraînements spirituels.

Tout ce qui est sur ce livre fonctionnent, j'ai appliqué quelques exercices et comme pour vous, il n'y a donc aucune raison pour qu'ils ne fonctionnent pas.

Il est important d'avoir un mental puissant et une forte personnalité de nos jours.

Vous aurez des méthodes pratiques pour vous aider à vous forger.

Dès lors que vous commencerez ces pratiques, vous sentirez affluer en vous une énergie nouvelle et un bien-être presque inexplicable.

Jours après jours, vous maîtriserez les techniques et votre pouvoir mental se renforcera.

D'après des nombreux chercheurs scientifiques, comme des maîtres spirituels.

L'être humain ordinaire n'utilise que 10 % de son potentiel, et pourtant notre capacité est de 1 million de fois plus puissantes, selon les chercheurs spirituelles.

Ces affirmations viennent des expériences vécues dans les mondes non physiques et pour certaines personnes élevées spirituellement peuvent même le constater dans ce monde physique.

Il existe plusieurs méthodes pour accéder à ces vérités, de le voir par vos propres yeux, de toucher réellement cette réalité cachée.

Tous ceux qui ont déjà expérimenté où accèdent dans ces mondes non physiques, vous le confirmera, que tout devient possible.

Il suffit de désirer quelques choses pour le voir se manifester.

Il y a même des personnes qui vivent une vie qui dépasse tous leurs rêves et pleins d'autres possibilités inimaginables.

Ce n'est pas juste un rêve, c'est vraiment vécu avec toute sa conscience comme dans ce monde physique.

Tout simplement parce que dans ces mondes, ces personnes retrouvent un pourcentage plus élevé de leur potentiel cérébral.

Grâce à ces méthodes, vous pourrez accéder à une réalité au-delà de vos limites de l'individu ordinaire.

Toute cette connaissance a longtemps été gardée secrets et pourtant les élites spirituelles ont toujours utilisé cela depuis des milliers d'années.

Un être humain qui possède pleinement ces potentialités cérébrales, sera capable d'influencer secrètement sur son destin, même dans ce monde physique.

Imaginez-vous avoir à peine 40 ou 50 % de votre potentiel.

Quelles seront vos possibilités ?

Toute transformation commence par l'esprit.

Vous devez dès à présent commencer à semer des pensées que vous voulez voir germer dans votre univers.

Chapitre 1.

Le ciel et la terre perdurent.

Ils perdurent, car ils n'existent pas d'eux-mêmes et pas pour eux-mêmes.

Ils sont créés par l'être divin et existent pour lui.

Introduction.

Pourquoi l'être humain doit-il adorer Dieu ?

Cette question est posée par tous et tant que nous ne l'aurons toujours pas comprise, nous serons incapables d'aborder le sujet.

Dieu est à la fois corps et esprit.

Il y a des différences de penser, selon les croyances de chacun et chacune.

Le but de la vie humaine a-t-il un sens ?

Dans certaines cultures spirituelles, l'importance matérielle de l'homme est très importante. Chez d'autres, c'est la spiritualité qui est la plus importante.

L'être humain possède aussi un corps et une âme.

La conception d'une vie humaine est une continuation successive de plusieurs vies passées. Cette jouissance des vies successives sur cette planète terre ne peut pas durer pour toujours ici-bas.

Mais pendant ces cycles de vie successive, l'âme ira dans un monde auquel les mêmes choses recommenceront, il y retrouvera les mêmes jouissances, les mêmes sens développés et renforcés.

Car après plusieurs erreurs humaines, l'âme grandit et apprend.

Quand on brûle une fois, on fait forcément attention la prochaine fois.

Nos erreurs nous apportent une opportunité pour changer et ceux qui ne saisissent pas cette opportunité, sont condamnés à revivre ces mêmes événements soit dans cette même vie, soit dans les cycles futurs.

Personne ne peut échapper aux lois karmiques.

Et pourtant ces mêmes personnes désirent adorer Dieu, pourquoi ?

Parce que dans leurs imaginations, le fait de continuer à adorer Dieu, est le seul moyen pour atteindre cette fin des cycles des vies.

Pour ces gens, le but de la vie est la jouissance des objets des sens.

Ils sont convaincus qu'il existe un être Supérieur, qui va leur accorder un très long bail de cette jouissance, juste parce qu'il adore Dieu.

Les jouissances des sens sont tout simplement les choses que nous traversons dans notre vie, dans l'espoir de trouver autre chose de mieux.

Moins il y a des jouissances des sens et plus la vie humaine est élevée.

Prenons un exemple :

Observez les sens des animaux, ils ont plus des jouissances des sens.

L'ouïe et la vue, chez les animaux, sont très développés par rapport aux humains. Leurs jouissances sensuelles sont extrêmes, ils sont fous des jouissances et de plaisir !

Il existe plusieurs mondes supérieurs et plusieurs mondes inférieurs.

L'âme après la mort ira dans l'un de ces mondes selon son évolution spirituelle.

L'être humain inférieur trouvera davantage des jouissances dans les sens. Et Quand son être intérieur s'élèvera, soudain le but de son existence deviendra la raison et l'amour.

Au fur et à mesure que ces qualités se développent, l'être humain perd la faculté de jouir des sens.

Les personnes ignorantes ont des capacités sensuelles bien plus élevées que les personnes éveillées ou non ignorantes.

Le désir de jouir de nos sens à tout moment, nous dégrade jusqu'à l'état inférieur.

Les gens qui désirent une vie pleine de plaisirs, seront incapables de voir, au-delà de cette jouissance des sens et ce qu'ils cherchent, le but réel de l'existence.

Malgré ces idéals inférieurs, même s'il est poursuivi pendant un temps, un jour viendra où il évoluera, peu à peu, parce que chaque être humain découvrira, qu'il existe quelque chose de supérieur qu'il ne connaissait pas.

Son attachement à la vie et aux choses des sens mourra peu à peu.

Nous développons peu à peu les facultés d'amour, mais dans la plupart des cas, nous n'apprenons rien, nous nous enchaînons à un stade et à une personne.

L'être humain doit sortir de cet état sur lequel on court toujours après un amour, la fortune et la gloire.

Parce que quand il est frappé durement, il découvre ce qu'est ce monde en réalité.

Il découvre que tout amour humain n'est que vide.

Nous parlons souvent d'amour, mais concrètement, nous n'en savons rien.

Quelques exemples :

1. Une personne fait une déclaration à son partenaire qu'il ou elle aime et l'embrasse. Mais la vie, on décide autrement, l'un meurt ! Celui où celle qui est toujours en vie, pense d'abord à ce qui reste sur le compte bancaire du décédé (e).

À combien est son assurance-vie ?

Et à ce qu'elle ou il deviendra etc etc...

2. Un homme où une femme aime son partenaire, mais la vie est ainsi faite, l'un subit un accident grave et perd sa beauté, il devient difficile à gérer, il faut lui faire sa toilette, le laver.

D'après vous qu'est-ce qui se passera ?

Le partenaire en bonne santé cessera de s'intéresser à lui ou à elle tout simplement.

Tout l'amour du monde humain est hypocrite et creux.

L'amour ne peut exister ni pour un objet ni pour un sujet d'une façon illimitée.

L'amour éternel n'existe pas, comment peut-on s'attendre à trouver dans ce monde terrestre un amour pour toujours !

Quand on sait pourtant qu'un esprit change aussi constamment ?

Il ne peut exister de véritable amour que chez l'être divin en nous.

Tout le reste ne sont que des étapes de la vie.

Le chemin vers l'illumination est longue et pénible et bien peu de gens parviennent. Vous devez lutter pour atteindre l'éveil de la conscience.

Je suis toujours étonné de voir que, quand une personne s'agenouille devant une statue, c'est une terrible idolâtrie, mais par contre, si une personne s'agenouille devant une femme où un homme pour lui demander d'accepter de l'épouser !

Bizarrement, c'est admis par tout le monde.

On nous présente l'amour comme un but ultime.

C'est sur notre conception de la vie que reposera toute la théorie de l'amour.

Le vrai amour est l'esprit Infini, omniscient, qui peut tout faire et briser toutes les barrières, nous somrnes cet esprit.

C'est par l'amour que nous obtenons ce pouvoir.

Voilà la réalité n'oubliez pas.!

L'idéal de toutes les religions et de toutes les sectes, c'est d'atteindre, la liberté et cesser de souffrir.

Connaître le bien et le mal.

L'être humain, à juste titre, désire se débarrasser de la souffrance, nous nous débattons pour atteindre la liberté physique, mentale et spirituelle.

Tout le monde aspire à cet idéal.

Mais chaque personne à sa propre vision des choses, il y a certaines personnes qui sont plus émotifs, d'autres plus intellectuels et d'autres plus actifs.

Nous voyons le monde différemment des autres, même sur un seul sujet, il y a beaucoup de chemin différent pour atteindre son but.

Voyons par exemple chez les chrétiens !

Les chrétiens et les chrétiennes croient au Christ, mais combien d'entre eux ont une explication différente de lui ?

Chaque chrétiens et chrétiennes voient le christ sur une lumière différente et d'un point de vue différent.

Il y a le regard de certains qui sont fixés sur la scène dans laquelle le Christ a chassé les marchants du temple et ils voient en lui un combattant.

Il y a d'autres qui répondraient que Jésus à pardonner à ses ennemis.

Chacun le voit à sa façon.

Il y aura toujours des divisions et des subdivisions même dans un sujet donné.

Les ignorants où les ignorantes empoignent toujours l'une de ces subdivisions et s'appuieraient sur elles et refuseraient aux autres le droit d'interpréter l'univers d'après leurs propres lumières.

En plus ils osent prétendre que les autres ont tout à fait tort et qu'eux seuls ont raison.

Tous chemins qui mènent à la sagesse sont bon.

Il faut absolument s'abstenir de dire aux autres qu'ils se trompent, je dirai même que pour tous ceux qui suivent leurs propres chemins, qu'ils ont raison.

Bien évidemment, celle que votre propre nature vous oblige à prendre.

Nous naissons tous avec une nature différente des autres, c'est le résultat de nos existences antérieures.

Nous sommes le résultat de notre propre passé, quelle que soit la voie prise de nos existences passée.

Nous sommes la cause de notre propre passé, chaque personne est particulier et unique, voilà pourquoi chacun devra trouver un chemin pour soi-même.

Nous avons tous une vision unique, comme notre vision de Dieu comme le Maître omnipotent de l'univers, le maître impérieux qui commande tout le monde.

D'autres personnes ont une vision de Dieu comme un maître d'école, d'autres un Dieu qui punit.

Vous avez par exemple des enseignements qui vous apporteront beaucoup de bien et d'autres comme le pire des enseignements.

Dans toute cette diversité de voir les choses différemment des autres, ne doit pas créer des problèmes relationnels inutiles.

Tout enseignement est bon, même si c'est sont des points de vue différents.

La vérité dépend toujours de chaque expérience individuelle.

La vérité absolue est unique tandis que les vérités relatives sont diverses.

Prenons par exemple notre vision de l'univers, en tant qu'entité absolue et inchangeable.

Le soleil est unique, mais quand chacun de nous le voit, un petit changement de position changera toute la vision qu'une autre personne a du soleil.

La vérité absolue, c'est une vérité et la vérité relative par contre est diverse.

Chaque être humain a sa propre perception de la réalité, tout n'est pas merveilleux pour tout le monde.

Ce qui est parfait pour vous, l'est moins pour d'autres.

Voilà pourquoi ça ne sert à rien de toujours vouloir convaincre les autres sur votre propre vision des choses et continuer cette lutte des opinions religieuses, qui ne concorde pas exactement avec votre perception.

Dans ce monde physique, nous sommes tenus d'avoir chacun une vision différente de la réalité absolue et toutes ces visions sont justes, aucune personne ne doit avoir besoin des débats fâcheux avec les autres.

Ne perdez plus votre énergie dans des discussions fâcheuses, à vouloir convaincre les autres sur votre propre réalité.

C'est un débat sans fin et vous pourriez continuer pendant des années sans pour autant parvenir à une conclusion.

Suivez votre propre chemin, vos propres croyances.

Personne ne devrait forcer les autres personnes à adorer ce qu'il adore lui-même.

L'histoire nous le démontre qu'aucune tentative de grouper des êtres humains en troupeaux par l'épée, la force, les arguments, les pousser à adorer le même Dieu, ont toujours échoué et échoueront toujours parce que c'est constitutionnellement impossible.

Voyez par vous-même nombre des personnes, qui sont satisfaits de leurs croyances religieuses et d'autres qui ne le sont pas ?

Tout simplement puisque la plupart d'entre eux, sont contraints d'y croire, car ils ont été imposés dès leurs jeunes âge.

Je constate encore de nos jours, des parents qui mettent entre les mains de leurs enfants, un livre qui dit que Dieu est ceci et cela ?

Franchement, mais de quel droit ont-ils de mettre ça dans l'esprit d'un enfant ?

De quel droit la société mettent ces choses dans la tête des enfants ?

Il est possible que cela soit peut-être bon ! Mais elles peuvent ne pas être aussi son propre chemin.

Un enfant doit découvrir et apprendre par lui-même, son libre arbitre doit être respecté pour son propre bien, son développement personnel.

Bien évidemment, vous pouvez l'aider, mais sur son propre chemin.

Ce que font ces genres de parents n'est pas positif, mais négatif.

Cela fait obstacle à son chemin de vie, votre enfant aussi à une âme.

Lui aussi, comme vous, à fait ce choix de naître dans ce monde physique pour évoluer par ces propres expériences.

Un enfant s'éduque lui-même, remarqué qu'ils font toujours ce qui les chante.

Tout ceci cré énormément de superstition dans la tête de certaines personnes, sur ces croyances religieuses dès leurs enfances.

Cela fait beaucoup de mal à l'être humain, il ignore complètement la puissance qui se cache derrière chaque pensée et chaque action au cours de sa vie.

Je n'oblige personne à avoir la même conviction qui sont présentés dans ce livre, Je n'ai aucun droit de dire quelle sera la vôtre.

Le but de ce livre consiste à vous proposer tous les idéals que je connais et de vous permettre d'avoir votre propre conviction, ce que vous aimez le mieux et ce qui vous convient le mieux.

Un travail spirituel est une démarche personnelle.

Quand vous avez une idée personnelle, concevez-la précieusement, parce qu'elle n'est pas nécessairement celle des autres.

C'est une histoire entre vous et Dieu.

Ce qui se passe de nos jours est triste à voir, comment les êtres humains peuvent-ils rester endormis à ce point par toutes ces croyances religieuses.

Comment des êtres humains peuvent-ils supporter cette gymnastique religieuse ?

On croirait des militaires dans une caserne, l'arme sur l'épaule !

À genoux !

Prenez un livre !

Tout est réglé à la minute pré.

Quelques minutes très précises et réglées pour les sentiments, quelques minutes réglées pour la raison, quelques minutes très précises et réglées pour la prière, tout est réglé d'avance pour tout.

Matthieu 6. 6.

Mais quand tu pries, entre dans ta chambre, ferme ta porte et prie ton Père qui est là dans le lieu secret et ton Père, qui voit dans le secret, te le rendra.

Sachez qu'il n'y a pas de Dieu personnel, mais seulement Dieu sous forme de Moi, votre être intérieur, l'être divin en vous.

À chaque fois que les gens apprennent ça, ils sont choqués.

Je comprends tout à fait cette réaction, mais vous êtes libre de croire où de ne pas croire.

J'insiste à dire qu'il n'y a pas une vérité, mais plusieurs selon l'expérience vécue de chaque personne.

Vous avez par exemple une forme de penser plus élever, qu'on appelle la raison.

Lorsque votre intelligence personnelle fait un constat des faits et les généralise !

Il y aura encore une forme encore plus haute, qui est la connaissance qui ne raisonne pas, qui connaît toute chose comme l'éclaire.

Nous voyons aujourd'hui beaucoup d'associations spirituelles qui se prétendent être inspirées et se revendiquent connaître des secrets surhumains.

Peut-on distinguer l'inspiration et la supercherie ?

Premièrement, l'inspiration n'est pas contradictoire à la raison.

Un homme ou une femme âgée n'est pas contradictoire à un enfant, parce qu'il ou elle est la continuation.

L'inspiration est la continuité de la raison.

L'intuition passe par la raison.

On ne peut pas opposer l'instinct à la raison.

Quand vous traversez une rue, votre corps se déplace instinctivement et évite les voitures !

Avez-vous été inspirés par votre esprit pour sauver votre corps de cette situation ? Non.

C'est grâce à l'inspiration instinctive.

Dès lors, vous ressentez une contradiction, alors ce n'est pas de l'inspiration.

Deuxièmement, l'inspiration doit être pour le bien et non pour la gloire ou les profits personnels.

Un bien qui doit profiter pour tout le monde sans égoïsme. Quand ces conditions sont remplies, vous pouvez tranquillement croire à l'inspiration.

Il paraîtrait que les femmes ont des facultés intuitives plus élevées que les hommes !

Et ceux des hommes s'élèvent lentement par la raison !

Ne le croyez pas, c'est faux. 👎

Il existe autant d'hommes inspirés que des femmes inspirées.

Nous possédons un pouvoir incroyable du raisonnement pour être utilisé.

Utilisez-le pour le bien et vous deviendrez capables de réaliser des choses plus élevées.

Chapitre 2.

Le sage vit comme l'eau.

L'eau sert tous les êtres et n'exige rien en retour. Elle existe au-dessous de toutes choses.

À cet égard, elle est semblable à l'être intérieur, le divin en nous.

L'Intuition.

L'intuition est la capacité de recevoir et de comprendre les impulsions subtiles produites par l'être spirituel intérieur et le regard produites par l'être spirituel intérieur.

Nous verrons des techniques, des exercices et des conseils afin que tout soit simple, compréhensible pour tous.

La Conscience Cosmique provient du Maître Intérieur qui est en chaque être humain, une communion directs avec le Cosmos universel.

Le développement de cette faculté intuitive est une démarche totalement naturelle et vous permettra pleinement de vivre une vie que vous méritez.

Vous serez la personne que tout le monde recherche pour demander conseil.

Vous attirerez le respect, l'admiration, le charisme.

La vie est remplie d'événements, d'insatisfactions que nous subissons, nous pensons à tort que nous les avons mérités.

Eh bien non !

vous devez vous démarquer, reprendre le contrôle de vos actes, de vos pensées, de vos affaires professionnelles et relationnelles.

Votre expérience est un facteur clé, parce qu'il vous donnera les réponses que vous recherchiez auparavant et il joue un rôle décisif pour votre réussite.

Celui qui n'a jamais vécu un événement, vous racontera toujours pleins de fantasmes et cela risque d'avoir un impact sur vos motivations et vos désirs intimes de changer les choses dans votre vie.

Voilà pourquoi l'expérience est très importante, vous aurez la vérité et les réponses sur tout ce que vous voulez.

Vivez la vie de vos rêves, mais ne restez pas là à rêver d'une vie ou voir plusieurs.

Vous devez être attentif, vous remarquerez qu'il est rare dans votre vie, qu'il ne se passe pas une seule journée sans avoir quelqu'un qui porte un jugement sur votre succès ou sur votre échec.

Donc un jugement sain ne peut être que la vôtre.

Nous détenons des pouvoirs naturels pour réussir dans la vie.

Tout le monde est capable d'avoir ce qu'il souhaite, je dirai même le droit d'avoir tout ce qu'il souhaite.

L'intuition est la réponse à tous nos problèmes, vous aussi, vous pouvez accéder à cette faculté spirituelle et l'utiliser.

Les pouvoirs de l'intuition sont en nous de façon naturelle et pas uniquement à certaines personnes élevées spirituellement.

Tout être humain possède ce pouvoir.

Il y a des personnes qui l'ignorent, d'autres ont entendu parler de l'intuition, mais préfèrent l'ignorer et ceux qui ont reçu une éducation religieuse leur empêchant d'y croire où tout simplement de considérer l'intuition comme provenant de la magie noire.

Et pourtant tout ceci est complètement faux, ce n'est pas dans une quelconque cérémonie magique.

Je vais vous donner quelques exemples que vous vivez malgré vous, cette faculté intuitive sans vous en rendre compte.

Premièrement.

Vous êtes chez vous et quelqu'un sonne où frappe à votre porte, vous n'êtes vous jamais deviné, avant d'ouvrir la porte, de qui il s'agissait ?

Deuxièmement.

Votre téléphone sonne, un numéro inconnu.

N'avez-vous jamais deviné qui vous téléphonait avant même d'accepter l'appel ?

Troisièmement.

Il ne vous est jamais arrivé d'éviter un danger, par un réflexe brutal ?

Quatrièmement.

Ne vous est-il jamais eu une idée soudaine, comme venue du ciel, pour résoudre un problème ?

Cette faculté naturelle, que nous possédons tous, vous aide pourtant à résoudre vos problèmes et parfois à conclure une affaire que vous n'espériez plus.

Ne vous est-il jamais posez pleins de questions pendant toute une journée et le soir venu vous allez vous coucher sans avoir trouvé une solution et le matin soudain !

Pleins d'idées et des réponses vous envahissent l'esprit.

Parfois ça peut arriver durant la nuit, une idée ou une réponse à vos inquiétudes.

Voilà, c'est tout simplement l'intuition.

Il est souvent possible de recevoir la réponse à vos inquiétudes par le biais des rêves.

Mais j'aimerais éclaircir un peu plus sur ce phénomène onirique.

Les rêves ne doivent pas être interprétés tels qu'ils sont.

Notre subconscient autorise où censure toutes informations qu'il ne reconnaît pas, voilà pourquoi les images, où les informations pendant nos rêves, sont très généralement symboliques.

Le matin au réveil, on se met à avoir pleins de théories farfelus, voire fantasmagorie qu'on doit chercher à comprendre le sens.

Je vous donne deux exemples :

Premièrement :

Vous pouvez par exemple rêver d'un chien, sans pour autant que cela soit négatif selon certains praticiens occultes.

Vous avez des personnes qui aiment les chiens et c'est totalement normal qu'ils vivent cela pendant leurs rêves.

C'est plutôt une image que reconnaît son subconscient pour lui rassurer, il n'y a pas à s'inquiéter.

Deuxièmement :

Les rêves des morts sont symboliques d'une renaissance, votre ancienne vie est morte et vous voilà vers une nouvelle aventure.

La vie existe parce que la mort existe, regardez juste la nature autour de vous, qui nous offrent des multiples réponses.

N'ayez plus peur des rêves, ce sont des images et des informations symboliques en lien avec votre niveau karmique et aussi de vos vies antérieures.

Tous les symboles, images où informations dans vos rêves n'ont pas les mêmes effets et réponses que pour tout le monde.

C'est complètement absurde de croire que tout le monde se ressemble n'est-ce pas ?

Pour les rêves, c'est pareil.

L'intuition est fiable parce qu'elle est naturelle.

Votre pouvoir divin peu à peu sera compréhensible pour vous apporter clairement des réponses.

Exercices :

À chaque fois que vous avez une idée qui vous vient mentalement où la réponse à vos questions, sans regarder l'heure (montre, téléphone portable, etc.)

Deviné très rapidement, quelle heure est-il ?

Jour après jour, vous serez précis.

Lorsque vous êtes chez vous, tout est calme.

Essayez de deviner qui vous appellera avant même que votre téléphone sonne.

Vous pouvez imaginer deux personnes par exemple.

Et lorsque vous avez un appel masqué, deviné là aussi qui vous appelle.

Quand on sonne où on frappe à votre porte, avant d'ouvrir la porte devinée qui se trouve derrière cette porte.

Au cas où vous aurez déjà entendu la voix de la personne, abandonné l'expérience.

Avant un spectacle sportif, football, basketball, rugby, etc. Selon vos goûts, deviné le score, par exemple pour le football, 2-1, 1-1, 0-2, 3-2, 2-1.

L'écart du score, etc.

Mais pas celui du gagnant, parce que c'est déjà informé plus ou moins.

Vous aurez compris, dès à présent, vous devez faire corps avec votre pouvoir intuitif.

Ces exercices permettront de stimuler votre pouvoir divin.

Quelques conseils pour la méditation. Choisissez un endroit à l'abri du bruit, une lumière douce, c'est très important pour favoriser une ambiance très agréable et de détente.

Privilégiez des vêtements légers, évitez de trop manger avant la séance, rien ne doit vous distraire ni vous mettre mal alaise pendant la méditation.

Première méditation pour développer l'intuition.

Asseyez-vous confortablement sur une chaise, posez vos mains sur vos cuisses et les paumes de vos mains vers le haut, votre dos droit.

À présent, fermez les yeux, respirez profondément et lentement par le nez uniquement, de façon naturelle.

Inspirez par le nez jusqu'à remplir vos poumons et bloqué votre souffle trois secondes.

Expirez par le nez jusqu'à vider vos poumons doucement et complètement.

Détendez-vous entièrement, relâchez toutes les muscles de votre corps, les tensions disparaissent avec ce rythme lent et profond de votre respiration.

Ressentez une énergie divine puissante pénétrant en vous par l'inspiration.

Mentalement, imaginez votre corps subtil d'une lumière claire, doré, (jaune et blanc).

Cette lumière divine entoure votre corps complètement, votre corps subtil est en lévitation, c'est-à-dire que votre corps n'est plus en contact avec le sol, toujours assis bien évidemment.

À une dimension entre 1 mètre et 3 mètres de hauteur.

Toujours mentalement, visualisez votre corps subtil attiré vers le centre de l'univers, votre corps subtil est comme aspiré avec douceur et en même temps, ressentez cette énergie divine dans tout votre être.

Vivez réellement ce moment, vous êtes totalement conscient de tout ce qui se passe, vous êtes éveillé, votre énergie grandit de plus en plus, cette lumière brille encore plus.

Ressentez la paix intérieure, l'amour universel, la sagesse, le courage, la puissance divine en vous, vivez concrètement ce moment.

À présent, restez quelques secondes (entre 30 et 60 secondes) dans cet état merveilleux, des hautes énergies cosmiques.

Ensuite mentalement implanté avec précision et conviction une question relative à un problème que vous n'avez pas résolu à l'aide de vos moyens habituels.

Nous allons maintenant faire un point sur la méditation.

Ne vous inquiétez surtout pas, ça peut vous paraître compliqué où longue, mais comme toutes choses dans la vie, une fois que vous l'aurez pratiqué, vous maîtriserez facilement cette technique.

Vous aurez toujours des pensées indésirables pendant les séances méditatives.

Il faut juste les ignorer et attirer votre attention sur votre respiration.

Le silence intérieur, c'est de ne plus s'identifier à ces pensées internes, c'est-à-dire rester passif.

Préoccupez-vous uniquement sur ce que vous faites, le reste laisser passer ces pensées internes positives où négatives.

Regardez-les comme existant extérieurement.

C'est dans le vide que tout se crée, c'est grâce au vide que tout est né.

Deuxième méditation pour développer votre intuition.

Prenez une feuille de papier blanche, sans rayures.

Dessinez trois colonnes en ligne droite dans le sens de la longueur.

Ensuite, sur la première colonne de gauche, écrivez vos trois questions prioritaires dont vous n'avez toujours pas trouvé des réponses.

Dans la colonne du milieu, écrivez deux réponses pour chacune de vos questions. Comme ceci :

Question 1 = 2 réponses possibles.

Question 2 = 2 réponses possibles.

Question 3 = 2 réponses possibles.

Pour vos réponses, ne cherchez pas ailleurs ni d'autres personnes.

Exclusivement votre intelligence et votre ressenti profond.

À présent, asseyez-vous confortablement dans un endroit calme.

Fermez les yeux, détendez-vous et faites le vide mental.

C'est-à-dire, ne cherchez pas à chasser les pensées indésirables, acceptez-les sans pour autant vous identifier à elles.

Attirer juste votre attention sur votre respiration et les vibrations des pensées indésirables baisseront d'elles-mêmes.

Concentrez-vous exclusivement sur ce que vous faites.

Dès lors, vous ressentez une paix intérieure, soumettez vos questions à votre être divin intérieur, visualiser cet être lumineux d'une intense lumière claire doré.

Ressentez cette sensation de puissance.

Cet être divin, c'est tout simplement vous-même.

Demandez-lui de vous inspirer, de vous guider sur les questions écrites sur votre feuille de papier.

Ne doutez surtout pas que votre conscience Cosmique agira quoi qu'il en soit à votre appel.

Restez passif, serein, l'esprit ouvert et confiant qu'une réponse inévitablement vous sera apportée.

Tout simplement parce que c'est son devoir, sa mission de nous aider dans notre épanouissement spirituel et matérielle.

Comme je vous l'ai déjà dit, la vérité, l'unique, la vraie, vous l'aurez par votre être Intérieur.

Aucun praticien occulte ne vous apportera une véritable réponse à vos questions.

Seul même à bien connaitre qui vous êtes et de quoi avez-vous réellement besoin !

C'est vous.

Souvenez-vous de cette phrase :

" *Aide-toi, toi-même, et le ciel t'aidera* "

Ensuite, il ne faut surtout pas confondre l'intuition et la raison.

La raison est alimentée par nos sens externes, celle des perceptions sensorielles qui reçoivent et perçoivent toutes les impressions.

Elle élabore nos sensations et par conséquence, elle est négative et limitée.

Le raisonneur croit arrivait à la vérité à travers la bataille des antithèses qui divisent le mental.

Cela le rend incapable de comprendre la vérité. Par contre, l'intuition est le seul chemin du silence, il sait écouter les vérités éternelles de la vie.

L'intuition se reflète avec une rayonnante beauté dans la sérénité de son mental.

Ceux qui se donnent à la raison convertissent leurs mentales à un terrain de bataille rempli des préjugés.

1. La peur.

2. L'appétit.

3. Le fanatisme, etc etc...

La finalité doit toujours lui être favorable.

Le mental de l'intuition est serein, silencieuse et délicieuse comme une source d'eau douce, très loin de la bataille des antithèses.

Le mental soumis à la raison agit selon les préceptes déjà établis.

Comme celle des religions, des politiques et certaines théories.

Un tel mental est esclave des énergies stagnantes de la vie, ainsi, il a des complications et des douleurs.

L'intuition est la lumière des seules vérités ineffables.

Ceux qui se soumettent à l'intuition deviennent des êtres libérés de la peur, des désirs, des religions, des théories sectaires, des fanatismes, des haines, des fantasmes et pleins d'autres défauts.

Les personnes qui agissent sous la direction de l'intime, sont heureux et heureuse parce qu'ils sont loin de toutes sortes des complications et des conflits.

L'intuition est un chemin de l'intime, de l'action droite, de penser et émotion correcte.

Il existe plusieurs mantras qui permettent de développer l'intuition, mais nous verrons ici un mantra simple et efficace.

Troisième méditation pour développer l'intuition.

Ce mantra doit être vocalisé pendant 10 minutes environ par jour pour développer l'intuition.

Asseyez-vous confortablement dans un endroit calme à l'abri du bruit.

Assurez-vous de ne pas être dérangé durant la séance.

Le dos droit sans aucune pression musculaire, vous pouvez rajouter un oreiller derrière votre dos pour un meilleur confort.

Vos deux mains posées sur vos cuisses, les paumes des mains vers le haut, détendez-vous et fermez les yeux.

Relâchez toutes les pressions de votre corps, cela se réalise peu à peu en attirant votre attention uniquement sur votre respiration et le corps se détend automatiquement.

Toujours les yeux, fermez, inspirez et expirez profondément, mais de façon naturelle.

Ne vous identifiez pas sur toutes ces pensées qui vous traversent l'esprit, positif ou négatif, laisser les tels qu'ils sont, ne modifier absolument rien.

Attirer juste votre attention sur le rythme de votre respiration.

Une fois que vous ressentez une paix intérieure, vocaliser le mantra :

" AUM MANI PADME HUM. "

Ce mantra se prononce comme ceci :

Ooommm... Maaassssiiiiii... Padméééé... Yooommmm...

La vocalisation se réalisera pendant l'expiration, c'est-à-dire, vous inspirez profondément par le nez et durant la phase de l'expiration, vous vocalisez le mantra la bouche légèrement ouverte.

À chaque fois sauté une phase d'inspiration et d'expiration. Exemple :

Vous inspirez par le nez et vous expirez la bouche légèrement ouverte en vocalisant le mantra.

Pour la deuxième, inspirez et expirez par le nez sans vocaliser et là votre bouche reste cette fois-ci fermée vu que vous ne vocalisez pas le mantra.

La troisième, inspire par le nez et expirez la bouche légèrement ouverte en vocalisant le mantra.

Quatrième, inspirez et expirez par le nez sans vocaliser.

Ainsi de suite pendant à peu près 10 minutes.

À chaque fois, sauté juste une inspiration et expiration et le suivant, vous vocalisez le mantra forcément la bouche légèrement ouverte.

C'est uniquement pour vous permettre de récupérer votre souffle et de garder un apaisement de votre mental et un corps toujours détendu.

Vous pouvez le pratiquer très tôt le matin ou le soir.

Cette pratique éveille le chakra du cœur, il met en activité le corps intuitionnel, qui nous conduit à la sagesse et à la félicité éternelle.

Chapitre 3.

Quand les gens connaissent ce qu'est la beauté, ils comprennent également ce qui est laid. Quand ils apprennent ce qui est bon, ils réalisent également ce qui est mauvais.

Les vies antérieures.

Est-il possible de se rappeler ses vies antérieures ?

La réponse est oui.

Vous dites sûrement, pourquoi alors, je n'ai aucun souvenir de mes vies passées ?

Les détails de nos vies antérieures et de ce que nous avons vécu avant de nous manifester dans ce corps physique, notre être intérieur est pleinement conscient de tout ce que nous sommes devenus.

Il nous fournit pourtant des informations, pour nous aider à mener l'existence la plus heureuse possible, à tout moment.

Au moment où nous avons décidé de cette nouvelle expérience de vie actuelle, nous n'avons rien emporté avec nous, ni même les souvenirs de ce que nous avons vécu auparavant.

Parce que cela n'aurait fait que nous distraire du pouvoir de l'instant présent.

Nous saurions constamment en train de revivre le passé, pour mieux vivre celle-ci.

Notre niveau intellectuel serait faible, notre pouvoir de créer serait quasiment impossible.

Aujourd'hui, nous créons puisqu'il y a un vide et sans ce vide, nous serons dans une continuité des choses et pas dans la création délibérée.

Notre relation avec l'être intérieur nous fournit, quand même, un accès à toute la connaissance propre à sa perspective plus large et celle de notre Moi total.

La partie Non-Physique de nous-mêmes, qui est si vaste, communique avec nous et ne cesse de nous parler depuis le premier jour où nous sommes descendus dans ce corps physique.

La communication se manifeste de plusieurs façons, mais nous recevons la part la plus fondamentale sous la forme d'émotions.

Il existe un bon nombre des méthodes, pratiques et exercice de méditation avancé pour pénétrer consciemment dans les profondes couches obscures du subconscient.

Cet exercice de méditation est spécifique.

Il serait possible que vous aperceviez les premières années de votre tendre enfance, certaines obscures.

La pratique quotidienne de la méditation sur les vies antérieures est une nouvelle discipline dans laquelle la rétrospection est une faculté qui s'éveille.

La méditation est essentielle à l'éveil de la conscience, comme pour les exercices physiques, qui sont essentiels à une bonne santé physique.

La rétrospection est une machine humaine qui fait intervenir une faculté latente.

C'est le pouvoir de revoir le film de sa vie à l'envers, de maintenant jusqu'à sa naissance et si vous souhaitez aller encore plus loin !

C'est la mort de la précédente vie antérieure et ainsi de suite pour toutes les vies antérieures.

Pour y arriver, c'est juste une question émotionnelle.

Vous le savez sûrement, le passé en règle générale engendre énormément d'émotions.

Si vous pratiquez déjà différentes méthodes de méditation, comme pour maîtriser ces émotions.

Vous êtes apte d'aller plus loin dans la pratique de méditation sur vos vies antérieures.

La rétrospection appartient précisément au chakra du cœur.

Cette faculté innée de l'essence divine qui ne demande simplement qu'à s'exprimer.

La méditation sur les vies antérieures est beaucoup plus facile qu'on ne le pense.

Il faut juste ajouter à votre savoir-faire sur la méditation, une volonté de persévérance et de discipline, comme vous l'avez déjà fait en apprenant la technique de méditation.

Les images de votre passé vont progressivement ressurgir, passage par passage, jusqu'à former un film complet et détaillé sur votre tendre enfance.

Par contre, vous devez être patient, pour pouvoir voir les images de votre naissance et de vos vies précédentes.

Première méditation vies antérieures.

Le matin au réveil, restez immobile avec les yeux fermés et retournez dans le sommeil consciemment tout en s'immergeant profondément dans l'endormissement et en laissant les pensées libres passer sur l'écran du mental en images.

Pendant cette phase entre le réveil et le sommeil, il est agréable de cultiver le silence et la gratitude envers votre essence divine.

Devenez comme un petit enfant et glissez en surfant sur les premiers vagues du sommeil.

Dès ce moment-là, lorsque vous flottez sur les vagues de l'océan, commencez la rétrospection de votre vie jusqu'à l'enfance et laissez vous guider pas à pas.

" *L' essence divine ou le maître, votre Dieu intérieur, la divine Mère, guident chacun de vos pas dans cet exercice de méditation.* "

Deuxième méditation vies antérieures.

Sur celle-ci, la pratique sur les vies antérieures se réalise le soir avant de s'endormir, ou avant le sommeil du corps physique.

Vous allez profiter de la phase entre l'éveille et le sommeil pour commencer cette méditation sur le rappel des vies antérieures.

Comme sur la première méditation, devenez comme un petit enfant et glissez en surfant sur les premières vagues du sommeil.

Dès ce moment précis, lorsque vous flottez sur les vagues de l'océan, commencez la rétrospection de votre vie jusqu'à l'enfance et laissez vous guider pas à pas.

Troisième méditation vies antérieures.

Pour cette méditation, la pratique se fera d'une manière détaillée comme lorsque vous regardez un film.

Effectuez la rétrospection de vos rêves de la nuit, revoyez vos rêves dans le sens inverse, en prenant la dernière scène et en remontant jusqu'à la première scène du rêve.

Continuez avec la rétrospection de la journée qui a précédé, puis la semaine à l'envers, en remontant le mois, ensuite d'année en année, pour toute la vie d'adulte.

Ensuite, continuez à l'envers au moment de l'adolescence jusqu'à l'enfance en procédant d'année en année.

Une fois que vous parvenez dans l'exercice de méditation proche de la petite enfance, vous aurez besoin de patience pour parvenir à obtenir des images claires de la naissance, puis les images de la mort de la précédente vie antérieure.

Avec de la patience, vous approcherez de la première vie antérieure.

Dès lors que les premières images de la mort de la première vie antérieure s'affichent sur l'écran de votre mental, vous parviendrez aisément à revoir toute votre vie antérieure qui précède cette existence actuelle.

Si vous êtes parvenu jusque-là, c'est que vous avez développé ou conservé certaines facultés merveilleuses du chakra du cœur.

Mais si ce n'est pas le cas, persévérez et cultivez l'amour et la patience chaque jour.

Avec ces exercices de méditation quotidienne, vous constaterez dans la rétrospection de votre vie, avec l'apparition des images du passé, qu'il y a trois grandes périodes, à savoir.

1. Les scènes de la vie d'adulte.

2. Les films de l'adolescence et de l'enfance.

3. La petite enfance avec la naissance et la mort.

Ces souvenirs du passé de la naissance se présentent sur l'écran du mental sous forme d'images ou scènes d'un passé inconnu jusque-là, puisque c'est le passage dans la mort de la précédente vie antérieure.

Avec un peu plus d'expérience et de patience, selon les mérites du cœur.

Vous allez découvrir une à une vos vies antérieures et possiblement les mystères de la vie et de la mort.

Chapitre 4.

On doit raffiner la conscience. Laissez l'être humain devenir à cet égard semblable à un nouveau-né. Celui qui est devenu aussi subtil devient libre des illusions.

Les rêves et l'éveil de la conscience.

Nous allons à présent parler des rêves, cette Odyssée nocturne qui est pourtant très importante et aussi un moyen d'accéder facilement à vos mondes oniriques.

Énormément de personnes disent qu'elles ne rêvent jamais !

Le fait de ne pas se souvenir des rêves, ne veut pas dire qu'il est inexistant pour ces personnes.

Prenons un exemple :

Devant moi une table vide, je dépose une clé sur la table.

Ensuite, je pose une petite bassine sur la clé !

Qu'est-ce qui se passe ?

Je ne vois que la petite bassine à présent.

Je ne vois plus la clé, c'est logique 😃

Mes yeux humains ne peuvent pas voir à travers cette bassine.

Si je retire la bassine, je vais revoir la clé.

Conclusion :

Ce n'est pas parce qu'on ne voit pas quelque chose, qu'il n'existe pas.

Exercice.

Au réveil, faites une rétrospection du déroulement de votre nuit, afin de se rappeler tout ce qui s'est passé.

Pendant que nous dormons, nous recevons énormément d'informations lorsque notre être divin, le maître en nous, se trouve hors du corps physique.

Il est donc nécessaire et utiles d'apprendre à méditer profondément, de mettre en pratique ce que nous avons appris durant les heures du sommeil.

Dès votre réveil, il ne faut surtout pas bouger, parce que au moindre mouvement, il agite le mental astral et vos souvenirs s'évaporent.

Vous devez combiner l'exercice de rétrospection avec le mantra.

" Raom-Gaom "

Ce mantra se vocalise mentalement comme ceci :

Rrrrrrraaaaaaaoooooooooooommm.... GGaaaaaaaoooooooooooommm....

Autant de fois que vous le pouvez, il ne faut pas la vocaliser à haute voix.

Seulement et uniquement ce mantra se vocalise mentalement.

Grâce à ce mantra, vous permettrez à votre subconscient de faire réapparaître mentalement les images du sommeil.

Une partie de vos rêves se manifesteront peu à peu.

C'est très important d'éveiller notre conscience, nous mangeons, nous travaillons, nous faisons des activités avec une conscience endormie.

Nous passons la majorité de notre temps à observer les choses, sans la moindre interrogation.

La démarche vers l'éveil, c'est le rappel de soi.

Vous devez faire un rappel de soi à chaque moment, en présence de toute sorte des représentations, qui attire votre attention.

À chaque fois que vous serez dans un endroit, dites-vous mentalement où suis-je ?

Cette question que vous, vous posez doit être suivie d'un réel ressenti et curiosité.

Même si vous connaissez le lieu, cela peut être dans une dimension astrale sans que vous ayez la moindre conscience.

Voici un exercice pour vous aider à éveiller votre conscience pendant vos activités quotidiennes et de cesser de vivre endormie.

L'éveil.

Avant de commencer la pratique qui suit, sachez que l'éveil de la conscience est un détachement sur les cycles de vie, c'est la sérénité, la sagesse.

L'éveil de la conscience, c'est juste le fait d'être conscient de toute chose et en tout lieu.

L'être humain est tout simplement, ce qu'il fait et pense.

L'éveil de la conscience peut se manifester grâce à la pratique de respiration, la marche consciente et bien d'autres possibilités.

La méditation en marchant.

Vous êtes à un endroit quelconque, tout à coup vous vient mentalement cette pratique de méditation en marchant.

Aussitôt, dites-vous ceci :

J'ai pensé !

Regardez autour de vous avec curiosité, même si vous connaissez déjà l'endroit.

Activez immédiatement tous vos cinq sens.

1. La vue, regardez tout autour de vous, avec étonnement.

2. L'ouïe, écoutez tous les bruits présents, jusqu'aux chants des oiseaux, les feuilles des arbres.

3. Le goût, ressentez vos lèvres, la salive, vos dents.

Et si vous mangez, ressentez le goût des ingrédients au moment présent.

4. L'odorat, ressentez toutes les odeurs présentes, du désagréable à l'agréable.

5. Le toucher, ressentez vos pieds en contact avec le sol, même pendant la marche, ressentez le contact pied au sol après l'autre.

Rappelez-vous que vous êtes présent.

Ce petit moment de rappel de soi, suffit pour éveiller votre conscience peu à peu.

Vous le constaterez par vous-même. Réveillez-vous.

L'éveil de la conscience élargit nos connaissances et nos limites.

Dès lors que vous devenez conscient de tout, la vie et la réalité se relèvent à vous.

Vous vivrez une vie de miracle, des événements qui seront au-delà de votre compréhension.

Une vie de joie, de bonheur.

De nos jours, nous ne percevons que le mal partout, regardez plutôt avec une vision plus élargit et aussi voir ce qui est juste.

Le bonheur réside dans votre propre cœur.

Voici une petite histoire qui m'a été racontée par un ami :

Il ne parlait jamais à personne de ces rêves, qu'il qualifiait d'étrange !

La plupart de ces rêves lui semblaient être une réalité me dit-il ?

Qu'il préférait ne rien dire, pour ne pas à subir toutes sortes des préjugés et se faire passer pour quelqu'un de bizarre.

Il m'a demandé conseil, vu que j'en parle souvent des rêves et je lui ai écrit tout ce qu'il devait à présent effectuer durant sa journée.

Je lui rassure également qu'il n'avait pas à se considérer comme un être étrange.

Que c'était un don que beaucoup d'entre nous n'ont pas, sans passer par une pratique quotidienne et longue.

Qu'il doit se considérer comme une personne très élevée spirituellement.

Quelques jours plus tard, il me raconte son expérience avec un sourire 😃

Je voyais en lui un soulagement.

Il était tellement heureux qu'il n'arrivait pas à me raconter son histoire.

Bref, il reprend ces émotions et me dit, grâce aux conseils que je lui ai donnés du rappel de soi, il a pu faire un éveil de conscience pendant son sommeil.

Au début de son rêve, il faisait tout ce qu'il fait comme durant sa journée ordinaire.

Il va à sa gare pour prendre son train et il constate qu'il y avait un peu plus des marches d'escaliers que d'habitude, tout le reste paraissait normal !

Et pourtant, il ne s'est toujours pas posé la question, est-ce que c'est normal ce changement brutal ?

Suis-je en train de rêver où je suis dans le monde astral ?

Tout ce qu'il voyait lui paraissait normal.

Mais après plusieurs jours d'exercices, ce jour-là, rien n'était plus pareil, sa conscience peu à peu commencée forcément à s'éveiller, à force de répéter ces exercices pendant la journée.

Les hommes et les femmes qui étaient présents, les rues, les magasins, les véhicules etc etc...

Le nombre des marches d'escaliers en plus, attire son attention !

Dès cet instant qu'il s'est posé cette question :

où suis-je ?

En astral où dans le monde ordinaire ?

Il avait son sac à la main et il le jette en l'air comme dans mes conseils.

Surprise !

Le sac restait en l'air, le sac ne retombe pas.

Automatiquement sa conscience s'éveille et il prend conscience avec cette fois-ci tous ces sens, ce n'était plus un simple rêve, il vivait réellement dans ce monde bien conscient de tout.

Il était tellement heureux, qu'il voulait tout faire en même temps, malheureusement, il s'est réveillé aussitôt.

Il n'arrivait pas à y croire, cependant chaque épisode qu'il a vécu était gravé dans son esprit.

Il n'avait plus aucun doute de cette réalité-là.

Il me dit, c'était hallucinant, ce n'était pas comme dans mes rêves étranges !

Non.

Je lui ai dit qu'il devait à présent maîtriser ces émotions.

Parce que ce qui lui est arrivé en quittant brusquement le monde astral, c'est la montée émotionnelle incontrôlée.

Dès lors, vous aurez peur ou vos émotions s'emballent, vous vous réveillerez aussitôt.

Les personnes qui agissent pleinement dans le monde astral, sont des personnes qui maîtrisent parfaitement leurs émotions.

Le but de cette histoire est de vous amener à vous poser cette question à chaque instant, à tout moment de la journée, ainsi, elle sera gravée dans votre subconscient afin qu'elle agisse durant les heures du sommeil.

Sachez une chose, tout est pareille et tout se ressemble dans ce monde des rêves ou astral tel que dans ce monde ordinaire, que ce soit après la mort physique.

La mort imminente :

Tous ceux qui s'en souviennent, disent avoir vu toutes choses là-bas, de la même façon qu'elles apparaissent dans ce monde ordinaire.

De telle sorte et pour cette raison, ils ne soupçonnent pas le moins du monde qu'ils se trouvent hors du corps physique.

Une fois que l'éveil de la conscience devient naturel, vous découvrirez pleins de choses, vous aurez accès à des nouvelles connaissances dans des univers supérieurs.

L'éveil de la conscience est une faculté naturelle, toute personne éveillée peut converser avec les Dieux.

Posez-vous sans cesse des questions durant toute la journée, parce que seuls ces personnes qui se sont posées une telle question durant leur journée, se poseront les mêmes questions au moment du sommeil, seront éveillés automatiquement dans les mondes internes avec étonnement.

Soyez patient et persévérez, inévitablement ce jour arrivera où l'éveil ne fera que UN avec vous.

Pratique.

Pour ce faire, vous devez avant tout attirer votre attention sur votre 3e œil, c'est entre vos sourcils.

(deux centimètres à peu près derrière votre front).

Ensuite, restez en observation à l'arrivée du sommeil.

Enfin votre âme s'ouvre une première porte de sa liberté vers les mondes spirituels supérieurs.

Le Maître des rêves accompagnera l'âme dans ses pérégrinations oniriques.

Au bout de quelques minutes, vous aurez une sensation de sérénité cérébrale et une détente physique.

Votre ouïe sera toujours le dernier à disparaître du scénario objective.

En cet instant précis, ce sera le signal que la frontière de vos univers intérieurs est atteinte.

Continuez un peu et vous serez sur le point d'accéder à un niveau d'être au-delà des limites d'expression objectives.

Cela peut durer quelques minutes, voire même quelques heures.

Dès l'instant votre conscience réintègre peu à peu le corps de l'âme, vous arriverez à un niveau d'élévation et vous réaliserez alors que la mort n'existe pas !

Et ce qu'il y a au-delà des perceptions humaines est l'éternité tout simplement.

En persévérant, il vous serait possible de voir vos vies passées se dévoiler à votre conscience.

Cela serait un avantage inestimable, puisqu'en connaissant les origines des épreuves que vous traversez ici-bas, vous êtes en mesure d'agir plus facilement sur elles et du coup d'accélérer d'autant plus votre progrès spirituel.

Ces exercices vous permettent d'atteindre un niveau de maîtrise et vous réaliserez que vous êtes l'acteur principal de votre monde onirique et non plus le spectateur.

Vous aurez la clé pour manipuler les événements de votre vie plutôt que de les subir.

Dès que vous pourrez accéder à un plan onirique spécifique, vous aurez la possibilité de choisir l'endroit de votre destination.

Pratique.

Pour accéder à un plan spécifique, vous devez premièrement fixer votre attention sur quelque chose qui vous est familier en état de rêve.

Cela peut être votre domicile d'enfance, une ville, bref un endroit que vous avez connu par le passé.

Maintenez suffisamment longtemps votre attention sur le plan de l'objet concerné.

Il faut réellement vous projeter avec tous les ressentis possibles.

Vous devez prendre conscience que la sélection de vos pensées sont importantes, puisque c'est elle qui détermine votre destination, que vous les maîtrisez ou pas, le rêve conscient.

Les possibilités sont incroyables, une fois que vous maîtrisez ces exercices, vous pouvez prévoir votre avenir.

Les Maîtres spirituels nous rappelle que, les événements futurs étant une conséquence des événements présents, l'être humain est en mesure d'appréhender le chemin de sa vie à venir.

Notre avenir est prêt, établi selon nos croyances, nos convictions et nos points de vue.

Projetez-vous en pleine conscience dans le temps futur en relation avec votre existence et de vos activités.

Pour sortir d'un rêve conscient, affirmer simplement votre retour dans l'état de conscience humaine et la réintégration est immédiate.

Beaucoup de choses sont dites sur les rêves, rien n'existe dans l'univers qui ne contribue à l'évolution. Pourquoi rêvons-nous ?

Les réponses sont nombreuses, mais ici concernant notre sujet, nos rêves sont le commencement pour beaucoup de personnes qui désirent commencer un voyage spirituel.

Un retour vers Dieu la plus simplement possible.

Les rêves peuvent vous apprendre beaucoup de chose sur vous-même, pour mieux vous connaître en visualisant sur le plan mental votre futur et si vous êtes une personne courageuse, rigoureux (se), les rêves peuvent vous amener aussi au paradis de Dieu.

Les rêves font partie de nous, même si certaines personnes l'ignorent, elles sont déterminantes et souvent insoupçonnées.

Énormément des personnes s'interrogent à justes titres sur l'au-delà, existe-t-il une vie après la mort ?

Parmi plusieurs méthodes ou pratique, les rêves sont une solution pour parvenir à une conclusion certaine sur cette interrogation bien à nous humains.

Ouvrir les portes à une plus large compréhension de notre nature spirituelle.

L'expérience onirique est un moyen simple, rapide et moins contraignant de liquider notre karma.

Maîtriser ce phénomène vous permettra d'accéder à la liberté spirituelle, ensuite votre âme devient un collaborateur direct de Dieu, sur cette présente incarnation.

Afin de pouvoir sonder les mystères de l'existence !

Les rêves sont des outils très importants.

Dans la Bible, les rêves sont considérés comme des révélations surnaturelles.

Certaines croyances religieuses interdisent l'interprétation des rêves considérée comme une pratique de la sorcellerie ou de la magie.

" Malheur à ceux qui osent s'y soumettre, disent ils !

Ils finiront soi-disant torturés et brûlés. "

C'EST COMPLÈTEMENT FAUX.

Je vais vous présenter quelques preuves que les rêves étaient considérés depuis des temps anciens, étant comme des réalités.

Prenons par exemple le père de Jésus, joseph.

Pendant son rêve, il avait vu le visage de sa future femme avant de la rencontrer et de l'épouser, c'était Marie.

Genèse 31. Verset 10 :

Au temps où les brebis entraient en chaleur, je levai les yeux et je vis en songe que les boucs qui couvraient les brebis étaient rayés, tachetés et marquetés.

Verset 11 :

Et l'ange de Dieu me dit en songe, Jacob !

Je répondis :

Me voici !

Verset 24 :

Mais Dieu apparut la nuit en songe à Laban, l'Araméen et lui dit :

Garde-toi de parler à Jacob ni en bien ni en mal !

Genèse 40. Verset 5 :

Pendant une même nuit, l'échanson et le panetier du roi d'Égypte, qui étaient enfermés dans la prison, eurent tous les deux un songe, chacun le sien, pouvant recevoir une explication distincte.

Les rêves prémonitoires et prophétiques existent bel et bien.

Comprenez bien que dans l'univers rien n'est laissé au hasard, ni même isolé du reste du monde.

L'univers invisible et visible se touche, se rejoint.

Ils sont en interaction karmique.

C'est vous qui décidez le chemin à prendre dans vos rêves.

Les maîtres des rêves ne peuvent pas vous obliger à suivre une direction que vous ne souhaitez pas prendre.

Le Maître des rêves, qui est en faite l'esprit divin, ne travaillera pas avec vous, à moins d'y avoir été invité d'une façon quelconque.

Pratique.

Le soir, avant de vous coucher, mentalement, demandé la permission au Maître des rêves de vous accompagner.

Visualiser à présent que vous confiez toutes vos préoccupations au maître des rêves.

Votre mental se libère à présent de toutes ces préoccupations.

Ressentez réellement une paix intérieure.

Formulez votre désir au maître des rêves, de libérer votre karma parce que cela vous empêche d'évoluer spirituellement, de casser ces liens karmiques.

Ensuite, endormez-vous tranquillement, en gardant mentalement que le maître des rêves vous accompagne, vous protège, il est là avec vous.

Le maître vous montre la voie à suivre.

Il est nécessaire de s'éveiller pour voir le chemin, de s'éveiller ici et maintenant.

La plupart des gens dorment en marchons dans la rue sans être conscient.

Toujours avec une conscience endormie, à la maison, au travail, à faire nos courses et pleins d'autres activités.

Sans l'éveil de la conscience, nous risquons de vivre toute notre vie, jusqu'à la mort, la conscience endormie.

Le plus grave est que beaucoup de personnes ne sauront jamais d'où ils viennent, ni quel est le but de leur existence.

Chapitre 5.

On ne peut nommer par un nom humain ce qui provient du ciel et de la terre, Qui est la Mère de toutes choses. Seulement ceux qui sont libres des passions matérielles peuvent le voir, mais ceux qui ont encore de telles passions ne peuvent voir que sa Création.

Enfer, réincarnation.

Nombre des personnes, de nos jours, croient encore à cette fable, qu'il existerait un endroit de feu gigantesque créé par Dieu, l'enfer !

Je ne juge aucunement les croyances et les convictions de chacun et chacune.

Je vais par contre apporter quelques éléments, parce que je l'avoue, je suis à chaque fois étonnée d'entendre encore cela.

Ce lieu de feu appelé enfer réservé aux pêcheurs, dont parlent certaines religions, très clairement, n'existe pas comme le racontent les livres religieuses.

L'Enfer dont parlent certaines religions est uniquement symbolique.

Croire qu'il y a un Dieu créateur tout-puissant, omniprésent, omniscient, censé connaître le début et la fin de toutes choses !

Et malgré ça, ne fait absolument rien pour empêcher que certaines personnes puissent commettre le pire, dans le but ultime de les jeter dans un monde de feu gigantesque pour l'éternité ?

Franchement soyons sérieux.

Mais disant que c'est vrai, toute cette histoire de l'enfer de feu. Ce que nous avons un Dieu cruel !

S'il sait déjà comment cela va finir pour ces propres créatures, pourquoi ne fait-il rien ?

Qu'elles sont les parents qui peuvent voir leurs enfants chuté, perdre la raison, échouer dans tout ce qu'ils font et ne rien faire pour les aider !

Qui sont de tels parents ?

Si vous avez une réponse, alors dites-le.

Pour ma part, je dirais le plus simplement que ce sont des parents irresponsables, c'est tout.

Donc cette histoire de l'enfer de feu gigantesque est tout simplement en désaccord avec la nature divine qui est amour, sagesse, puissance, miséricorde.

L'univers ne détruit rien par plaisir où par souci de punir.

Comme toutes choses dans l'univers, il y a une fin de cycle.

Rien ne peut durer éternellement, comme tout ce qui existe dans l'univers, tout change et se transforme selon un cycle particulier.

Voyons, les nordiques, par exemple, ont cru où croient encore sûrement à un enfer de glace.

Le bouddhisme, comme d'autres croyances d'Asie, croient à un enfer qui est dû à une régression humaine, dans des mondes inférieurs de type minéral, végétal et animal.

Alors, je me pose la question :

Qui dit vrai ?

Il existe plusieurs dimensions spirituelles.

Il y a neuf dimensions spirituelles supérieures et neuf dimensions inférieures.

Dans chacune de ces dimensions, vivent des êtres selon leurs évolutions spirituelles.

Nous, nous vivons dans un monde terrestre dans la 3e dimension.

Les dimensions spirituelles s'expliquent comme ceci.

Nous pouvons nous déplacer que par ces trois dimensions :

1. On se déplace en avant.

2. On se déplace en arrière.

3. Et on peut se déplacer sur les côtés. (Gauche et droite).

Chaque monde a ces propres loi dimensionnelle.

Bien évidemment, il existe plusieurs dimensions supérieures et il y a également plusieurs dimensions inférieures des êtres minérales, végétales et animales.

L'origine de cette affirmation sont des études spécifiques, ésotériques de dédoublement astral ou d'autres simplement de certaines pratiques méditatives d'éveil de la conscience, qui permettent de voir cette réalité des infradimensions de la nature et de l'univers.

Celui qui veut découvrir cette réalité par lui-même, ne doit pas chercher ailleurs.

En chaque être humain, il existe plusieurs forces et des atomes qui sont en relation, soit avec les mondes supérieurs, soit avec les mondes inférieurs.

Sachez que nos centres psychiques nous mettent en lien avec ces dimensions.

Parce que tout ce qui existe dans l'univers, existe aussi en nous.

Toutes ces dimensions, supérieures comme inférieurs, sont juste une réalité de notre propre mental, voilà pourquoi, si nous ne les découvrons pas en nous-mêmes, nous ne les découvrirons jamais.

" *Connais-toi toi-même et tu connaitras l'Univers et les Dieux.* " (Socrate).

Certains idéaux religieux sont dépassés de nos jours.

Les messages qui sont transmis comme celui du péché originel, l'enfer et la Rédemption, n'est pas entendable par un être éveillé.

Toutes ces fausses informations se focalisent sur le péché.

C'est une énorme culpabilité qui est généré chez beaucoup de personnes.

Il y a tellement des contradictions qu'on ne peut pas déterminer où est la vérité.

Prenons deux exemples :

Deutéronome 24. 16.

On ne fera point mourir les pères pour les enfants, et l'on ne fera point mourir les enfants pour les pères, on fera mourir chacun pour son péché.

Ézéchiel 18. 4.

Voici, toutes les âmes sont à moi, l'âme du fils comme l'âme du père, l'une et l'autre sont à moi, l'âme qui pèche, c'est celle qui mourra.

Rien que ces deux phrases démontrent une contradiction, qui est véhiculée que tout être humain est né pêcheurs !

Ce n'est pas vrai.

Personne ne paie pour les actes de ces descendants.

Seuls nos propos actes antérieurs sont la cause de notre condition de vie actuelle.

Cette idée de péché originel, qui rend tout être humain coupable dès sa naissance, ne peut pas tenir.

Cette histoire d'un monde de feu gigantesque, appelé enfer, n'a aucun fondement.

L'histoire de l'enfer a été adoptée officiellement par l'église au concile de Lyon en 1274.

Sur les bibles anciennes, le mot hébreu schéol est faussement traduit par enfer !

La traduction juste de ce mot schéol est séjour des morts.

Autre exemple :

Le mot géhenne est la transcription de l'hébreu Ge-Hinnon où val de Hinnon.

Cette vallée située au sud de Jérusalem, où l'on avait pratiqué des sacrifices d'enfants en l'honneur du dieu Moloch.

Le feu de ces sacrifices était resté le symbole du châtiment de ceux qui refusaient le salut de Dieu.

La géhenne dans le nouveau testament est synonyme de lieu de malédiction.

La symbolique de la géhenne est souvent liée à celle de l'enfer.

Toutes ces confusions et ces contradictions, créent énormément de souffrance psychologique chez des nombreuses personnes.

Beaucoup trop des fausses idées reçues et ce qui m'attriste, c'est qu'il y a peu des personnes qui ne se pose même pas la question.

Est-ce que tout ceci est cohérent avec l'idée même que nous avons du créateur ?

Le Dieu miséricorde !

Il y a dans l'ancien testament des passages, où on nous présente un Dieu tyran, cruel, exigeant une soumission totale et aux moindres manquements, ces personnes seront punies par la peine de mort, jeté au feu gigantesque.

Franchement, c'est quand même incroyable d'admettre des tels récits de nos jours !

Nous devons rejeter clairement cette vision d'un Dieu cruel, barbare et inhumain.

Il doit absolument disparaître de notre psyché et le remplacé par une nouvelle vision plus éclairée.

En plusieurs siècles, les croyances humaines ont progressé.

Avant, donc il y a des siècles, il existait plusieurs dieux à celle d'un Dieu personnel et unique.

Dans les temps anciens, les hébreux étaient polythéistes, c'est-à-dire qu'ils croyaient à l'existence de plusieurs dieux, mais ils devaient adorer qu'un seul

Dieu.

" Yaveh."

Cette croyance à un Dieu unique et masculin est purement idéalisé par le patriarcal.

L'être humain par nature a toujours besoin de se sentir en sécurité, comme un enfant qui a besoin d'être protégé.

Un Dieu unique est tout simplement une projection de l'image du père protecteur.

L'idée d'un Dieu unique ne peut pas exister.

Voici deux exemples :

Deutéronome 5. 7.

Tu n'auras point d'autres dieux devant ma face.

Psaume 81. 9.

Qu'il n'y ait au milieu de toi point de dieu étranger !

Ne te prosterne pas devant des dieux étrangers !

Vous avez là des phrases qui démontrent qu'il y a bien plusieurs Dieux.

Le fait même de dire qu'il ne faut surtout pas adorer d'autres dieux !

Approuve leurs existences.

C'est un avoue et laisse penser qu'il y a forcément d'autres.

C'est une preuve que l'existence des autres Dieux était admis.

C'est seulement après la mort de Moïse que le peuple juif adopte le monothéisme, qui enseigne l'existence d'un Dieu unique.

Depuis ma plus tendre enfance, je me suis toujours posé énormément des questions, parce que beaucoup de choses ne me paraissaient pas très logiques.

Et pourtant j'avais à peine 11 où 12 ans et je me posais déjà ce genre de question :

1. Si Dieu existe, alors qui a créé ce Dieu ?

2. Et si j'étais Dieu, qu'est-ce que je ferai ?

En voyant tant de souffrances ?

3. Pourquoi tant d'enfants innocents meurent-ils de faim ?

Ils n'ont rien fait de mal pourtant, ils avaient juste faim.

J'ai mes réponses et je me réserve à le garder pour moi.

Comme vous sûrement, vous avez, vous aussi, votre propre réponse à ces questions posées.

Certaines religions parlent de l'existence d'un Dieu unique, un Dieu parfait, omniscient et en même temps l'imperfection de l'être humain.

La logique voudrait qu'un œuvre parfait ne peut être que l'œuvre d'un génie.

Je vous laisse juger par vous-même, quand on voit ce que l'être humain est capable de faire de pire.

En suivant cette idéologie religieuse, avec tous ces événements malsains et terrifiants sur cette planète terre, ce Dieu des religions apparaît en faite bien limité dans son pouvoir.

Il existe bien une conscience cosmique ou Grand architecte des univers.

Faites cette expérience un soir en contemplant le ciel avec ces étoiles et interrogez-vous sur le pourquoi de l'univers ?

Il y a forcément un dessein à l'origine de toute cette création.

Nous devons apprendre à observer notre être intérieur.

Le divin en nous et pas ce Dieu révélé des religions, présentait comme une sorte de père assis là-haut sur son trône d'empereur, qui observe sans cesse les êtres humains et note leur comportement jusqu'au moment où à la fin, ils les dirigent soit au paradis, soit en enfer.

Dieu est différent de ce Dieu-là et sa compréhension doit être défini par notre propre expérience.

Notre être intérieur constitue l'âme de l'univers !

Dieu est partout et en toutes choses.

Ceci est logique puisque Dieu n'a pu créer l'univers qu'en s'étendant lui-même, parce qu'il ne disposait d'aucuns autres matériaux.

Pourquoi sommes-nous sur terre ?

Est-ce que cette conscience cosmique, en créant l'univers et la vie, n’avait-elle pas une intention ?

Absolument tout dans l’univers existe puisqu'il y a une raison.

Nous sommes ici sur cette planète terre pour une raison !

Beaucoup de personnes vivent leurs vies sans se soucier de quoi que ce soit, ils ne se posent même pas ce genre de question.

L’éveil de la conscience crée une autre perception de la réalité.

L’être humain est en réalité conditionné à l'évolution.

Tout dans notre vie quotidienne nous pousse à éveiller notre conscience.

Cesser de vivre endormie.

Nous allons approfondir notre conversation.

Voyons à présent la réincarnation, passage obligé, surtout après avoir parlé de l'enfer de feu gigantesque.

Le culte de Krishna est à l'origine de la théorie et l'analyse de la réincarnation.

Dans le culte de Krishna à propos de la réincarnation, seuls les guides spirituels, les êtres divins supérieurs, les dieux, les demi-dieux, les titans et autres maîtres spirituels se réincarnent.

Il existe différentes théories qui laissent penser, que tous les êtres humains se réincarnent et d'autres théories qui s'ajoutent à celle de la transmigration des âmes, de la réincorporation des âmes humaines dans les espèces animales.

Il est certain que l'humain est terriblement orgueilleux, à tel point que la raison pour laquelle, cette théorie de la transmigration des âmes n'est toujours pas accepté.

Sachez par contre que l'éternelle loi de retour est la base de cette théorie de la transmigration.

Tous les êtres humains, à l'exception de quelques-uns, entrent dans les mondes inférieurs, où ils finissent avec une seconde mort, ceci dit !

C'est ne que par la seconde mort que les âmes perdues se libèrent des mondes inférieurs.

Cet événement se répète dans tous les mondes de l'espace infini, c'est la loi de l'éternité.

Toutes les âmes ratées qui ont vécu dans les mondes inférieurs et qui sont passées par une seconde mort, auront une nouvelle manifestation cosmique des âmes.

Ces âmes qui ont raté tous leurs cycles de vie terrestre, se manifesteront à présent en élémentaux, soit en état minéral ou végétal.

Ça peut être aussi en espèce animale comme dit tout à l'heure, mais comme nous l'avons vu sur la loi de l'éternel retour, ces âmes seront aspirées à reconquérir l'état humain qu'elles ont perdu.

Josué 1. 5.

" *Nul ne tiendra devant toi, tant que tu vivras.*

Je serai avec toi, comme j'ai été avec Moïse, je ne te délaisserai point, je ne t'abandonnerai point. "

Jérémie 30. 11.

" *Car je suis avec toi, dit l'Éternel, pour te délivrer.*

J'anéantirai toutes les nations parmi lesquelles je t'ai dispersé, Mais toi, je ne t'anéantirai pas.

Je te châtierai avec équité.

Je ne puis pas te laisser impuni. "

Comme absolument tout dans l'univers, la répétition des choses sont de l'ordre naturel de toute existence.

Quelques exemples :

1. La terre tourne autour du soleil, encore et encore.

(Loi de l'éternel retour).

2. Tous les jours, nous avons faim, soif, une envie nécessaire de dormir et ça, c'est chaque jour encore et encore.

(Loi de l'éternel retour).

3. L'envie d'aller à la toilette, encore et encore.

(Loi de l'éternel retour).

La vie terrestre nous le montre chaque instant, qu'il n'y a pas d'aller simple.

Il y aura toujours des sceptiques, qui nieront le fait que le temps se répète, que la vie se répète, que la réincarnation est une réalité.

Je ne peux malheureusement pas leur convaincre et ce n'est d'ailleurs pas mon objectif.

Comme je l'ai toujours dit, la vérité, la seule, se trouve derrière l'expérience vécue.

Le temps est comme un cercle, remarqué par vous-même, la répétition incessante des mêmes drames, des mêmes scènes, des mêmes événements, dans toutes ces vies que la loi cosmique assigne aux âmes humaines.

Chaque nouvelle vie est une répétition de la vie passée et cette nouvelle vie varie parfois sur une vie plus élevée ou une vie plus basses.

Avec en prime ses conséquences karmiques, bonnes ou mauvaises, agréables ou désagréables.

Toutes les vies commencent avec les mêmes conditions que les vies antérieures.

Selon la loi de récurrence sur terre, le passé se change en futur, dès notre naissance.

Il y a malheureusement des ignorants, des sceptiques qui répètent, chaque détail les plus insignifiants de leurs vies passées.

Grâce à l'éveil de la conscience, l'involution des âmes vers les mondes inférieurs peut cesser.

Il faut absolument prendre conscience que c'est ici et maintenant que ce travail doit commencer.

C'est indispensable pour libérer les âmes perdues, de ce monde inférieur.

Que ces nouvelles âmes puissent se manifester dans des mondes supérieurs que le monde végétal où minéral.

Chapitre 6.

En suivant strictement la voie principale de transformation de soi comme conscience, on peut connaître cette origine Éternelle. Cette voie est la voie menant à l'être intérieur.

Les cycles de la vie.

Selon certains maîtres spirituels, chaque âme humaine à 108 vies pour s'autoréaliser, donc s'éveiller.

Les âmes qui épuisent leurs cycles de vie sans pouvoir éveiller leurs consciences, se manifesteront dans les mondes inférieurs, minéral, végétal, où animale.

Nous venons d'en parler dans le chapitre précédent.

Comme nous l'avons déjà dit, cela n'est pas une fin en soi.

Ces âmes perdues auront toujours la possibilité de se manifester dans les mondes supérieurs humains.

Quand certaines religions parlent de l'enfer de feu gigantesque, c'est parce que la vie dans ces mondes inférieurs est difficile et terriblement douloureuse.

Pas puisqu'il y a un feu gigantesque, non ! Nous l'avons vu, ce genre de monde de feu n'existe pas, c'est purement symbolique.

Mais c'est douloureux pour une conscience humaine d'être réduit à une conscience végétale, minérale et animale.

Ce n'est pas une douleur physique, mais plutôt psychologique.

Toutes personnes qui ont déjà vécu une période de dépression, vous le confirmera qu'effectivement la douleur psychologique est terriblement douloureuse.

Bref continuons :

Une fois que l'âme se manifeste dans ce monde inférieur, il l'aura une seconde mort, toujours selon la loi de l'éternel retour.

L'âme évoluera depuis le monde minéral, végétale et animale, jusqu'à l'animal intellectuel, L'HOMME.

Après la seconde mort, l'âme retrouve à nouveau la lumière du soleil et il devra recommencer un nouveau processus d'évolution dans un monde supérieur.

Mais ce monde supérieur pour l'âme perdue, est un monde minéral supérieur, avec un état de conscience supérieur à celui qu'elle avait, quand elle avait commencé une nouvelle évolution dans le cycle de manifestation.

Dans cette nouvelle aventure évolutive, l'âme passera par un cycle de manifestation en commençant par l'évolution dans le monde minéral supérieur.

Ensuite le monde végétal supérieur, le monde animal supérieur et le monde humain où nous vivons dans la 3e dimension, où l'âme aura à nouveau 108 vies pour s'autoréaliser.

Et si l'âme perdure n'arrive toujours pas à s'éveiller, en prenant les 108 vies pour un !

Après plusieurs milliers de ces 108 vies, Cette âme finira plonger définitivement au sein de l'esprit divin universel de vie.

Cette âme sera divine, mais n'aura pas acquis une maîtrise des lois de la création infinie.

Rien n'est perdu dans l'univers, tout le monde passera par cette évolution spirituelle.

Il y a des personnes qui évoluent plus rapidement que d'autres et ces personnes n'auront pas à se manifester dans les mondes supérieurs plusieurs fois.

Ils auront acquis la liberté d'être ou ne pas être.

Dès lors que vous éveillez votre conscience, vous aurez accès aux mystères de la vie et de la mort.

Vous aurez la connaissance universelle infinie.

Toutes les douleurs de la vie de l'âme seront récompensées, grâce à ces souffrances humaines, l'âme apprend et il acquiert l'auto-conscience et la félicité sans limites.

Tout simplement, parce que quoi qu'on en dise, la vie est une merveilleuse école pour l'âme.

Toutes les expériences de nos vies passées comme actuels, elles sont implantées dans la conscience.

À chaque fois que vous tombez, vous apprenez à vous relever.

À chaque fois que vous êtes trahis, vous apprenez à vous méfier des apparences.

À chaque fois que vous êtes en colère et vous agissez négativement, vous apprenez là aussi.

Libre à chaque personne d'avoir une volonté de ne plus répéter les mêmes erreurs.

Si vous n'arrivez pas à comprendre vos défauts et que vous ne travaillez pas sur vous-même, afin de les dissoudre !

L'âme restera perdue dans les mondes inférieurs.

Comprenez bien qu'il faut absolument vous éveiller et dissoudre l'ego.

Matthieu 16. 24.

" *Si quelqu'un veut venir après moi, qu'il renonce à lui-même, qu'il se charge de sa croix, et qu'il me suive.* "

Se renoncer soi-même signifie, dissoudre l'ego.

De nos jours, grâce à la science, personne ne peut nier que les végétaux ont une conscience et communiquent entre elles, les minéraux dégagent de l'énergie et les animaux ont aussi une conscience et ressentent des émotions.

En partant de là, vous avez un début de preuve qu'il existe bel et bien un monde minéral, végétal et animal.

Avoir la connaissance, c'est bien, mais l'expérience qui mène à la vérité est beaucoup plus importante.

Nous allons à présent voir deux exercices simples, accessible pour tous.

1. L'exercice des graines.

2. L'exercice pour dissoudre l'ego.

(Le soi).

Cette expérience vous permettra de constater par vous vous-même, la réalité d'une existence de conscience végétale.

Exercice.

Prenez deux graines de haricots que vous mettez sur chaque pot, une graine de haricot ou autres graines équivalentes.

Ensuite, prenez deux pots identiques, pour ne pas fausser le résultat.

Remplissez ces deux pots de sable déjà traité ou faites le vous-même.

Les deux pots doivent contenir les mêmes éléments et posé les pots au même endroit pour recevoir les rayons de soleil de la même façon.

Aucun pots ne doit être traité plus que l'autre à ce stade de l'emplacement.

Faites l'arrosage de la même manière et la même quantité d'eau versé sur les deux pots. Tout doit être identique.

À présent, pour le pot numéro 1, vous allez, chaque jour, vous identifier à la graine.

Vous devez visualiser qu'elle a une envie irrésistible de pousser rapidement.

Ressentez réellement cette envie, comme si cela venait de vous.

Votre image mentale doit être réelle.

Le moindre doute peut faire échouer l'expérience et le résultat recherché.

Ne doutez pas.

À chaque fois que vous allez visualiser la graine du pot numéro 1, faites-vous une image mentale de cette graine qui grandit, la graine prend forme.

Implantez-vous cette image dans le but que l'aura de la graine numéro 1, puisse le recevoir.

C'est comme si vous lui transmettiez cette image, pour qu'il soit ainsi.

Pendant environ cinq minutes chaque jour. Après plusieurs semaines, vous constaterez une avancée dans la germination de la graine du pot numéro 1, par rapport au pot numéro 2, qui vous sert de témoin.

Continuez l'exercice, en visualisant une croissance accélérée pour la graine du pot numéro 1.

Pendant que vous vous concentrez sur les plantes qui commencent à sortir du pot, vous pouvez même diriger des pensées d'amour pour la graine du pot numéro 1.

Vous serez surpris du résultat est en principe spectaculaire.

Les plantes poussant dans le pot numéro 1 feront plus du double de hauteur par rapport à celles du pot numéro 2.

Vous l'aurez compris, le pot numéro 2 ne doit pas avoir la même attention, vous l'arroser et c'est tout.

Le soi.

(Dissoudre l'ego).

Qu'y a-t-il de commun entre le bébé, l'enfant, l'adolescent et l'adulte que vous avez été progressivement ?

Dans votre personnalité, il y a vos goûts, vos désirs, vos tendances, à chaque fois, elles sont totalement différentes.

Il y a un élément stable, qui ne change pas. C'est la Conscience d'être.

Le soi.

Le je suis.

C'est notre nature profonde et notre être véritable.

Derrière l'agitation mentale, il est l'observateur de nos émotions.

Le soi, c'est l'être divin, pur, parfait, qui est présent en chaque être humain, que vous soyez un praticien mystique où même pour un criminel.

La différence entre nos deux exemples se trouve dans le mental qui entoure le soi.

Prenons par exemple cette histoire de l'ange déchu.

C'est un ange quoi qu'on en pense, donc un être divin.

Il y a des personnes qui agissent en toute conscience de façon négative.

Chez ces personnes, leurs mentales sont tellement noir, que l'on peut avoir bien du mal à voir briller la lumière du soi.

Mais comme je l'ai dit auparavant, personne ne sera laissé péri pour l'éternité dans les mondes inférieurs.

Si la vie sur terre existe, c'est la plus belle et merveilleuse école pour l'âme.

Tout être humain est perfectible !

En chaque être humain, réside l'être divin, la présence de la conscience divine.

Genèse 1. 27.

" *Dieu créa l'homme à son image, il le créa à l'image de Dieu, il créa l'homme et la femme.* "

Tout ceci ne veut pas dire que tout le monde est bon quoi qu'il fasse.

Vous allez toujours rencontrer un jour ou l'autre des personnes bêtes et méchants.

Ne vous attendez pas à un changement soudain de ces personnes.

Je me suis toujours demandé, qu'est-ce que leur apportent autant de méchanceté ?

Rien ou pas grand-chose.

L'être divin en nous existe pour une simple raison, c'est de nous élever spirituellement malgré les tracas et difficultés que nous traversons.

Exercice.

Durant cet exercice, vous devez absolument tout ressentir.

Faites une liste des objets auxquels vous vous êtes identifiés par erreur.

Ensuite, prenez le premier de ces objets et ressentez cette identification.

Ressentez cette identification au maximum, jusqu'aux limites possibles du ressenti.

Jusqu'à ce que surgisse une prise de conscience !

Ce n'est pas moi.

Prenez l'objet suivant en faisant la même chose.

Cet exercice doit se dérouler uniquement au niveau du ressenti et pas au niveau mental.

Le niveau mental, c'est la projection des images.

Tout ce que nous faisons dans notre vie, contribue à notre évolution spirituelle.

Nous devons prendre le chemin de la compassion et réduire la souffrance.

Nous devons vivre de manière consciente, simple et saine à tout instant...

Posez-vous ces simples questions.

Est-ce que je respire lorsque mon téléphone sonne, avant de décrocher ?

Est-ce que je souris pendant que je prends soin des autres ?

Après une journée de travail, suis-je conscient lorsque je marche ?

Est-il possible d'être pleinement détendu après des heures de travail ?

Vivons-nous réellement en paix et dans le bonheur ?

N'arrêtez jamais de vous remettre en question, ce travail est très important et qui vous encourage à rester conscient.

Restez en contact avec ce qui se passe au présent et ressentez la vraie nature de la souffrance et celle de la joie.

Le chemin de la connaissance, c'est la pratique.

Juste lire un livre ne suffit pas à faire disparaître nos souffrances.

Peut-être à diminuer petit à petit, mais à un moment donné, tout redevient comme avant.

La souffrance humaine n'est pas objective, elle dépend en grande partie de notre façon de voir les choses.

Pour certaines personnes, le changement peut être un motif de joie et Pour d'autres, ce n'est pas le cas.

Perdre son travail !

Pour une personne qui était déjà en surcharge émotionnelle au travail, c'est plutôt la bien venue.

Pour d'autres, ce n'est pas le cas.

Pour une séparation relationnelle, c'est pareil.

Voici quatre nobles vérités.

Quand la naissance et la mort cessent d'exister, le calme complet, c'est la tranquillité totale, l'illumination, l'extinction de tous les concepts.

L'immobilité est la joie, l'acte de penser, de conceptualiser et de la parole est terminée.

Cet exercice n'a pas de but macabre.

Pour combattre son ennemi, il faut avant tout le connaître et lui faire face.

Exercice.

Réciter ces cinq rappels de soi chaque jour, elle vous permettra d'accepter la vie telle qu'elle est et ne plus fuir cette réalité.

1. De par ma nature, je suis destiné à vieillir. Il n'y a pas moyen pour échapper au vieillissement.

2. De par ma nature, je suis destiné à tomber malade. Il n'y a pas moyen d'échapper à la maladie.

3. De par ma nature, je suis destiné à mourir. Il n'y a aucun moyen de fuir la mort.

4. Tout ce que je veux et les gens que j'aime sont de nature au changement. Il n'y a aucun moyen d'éviter de devoir m'en séparer.

5. Mes actions sont la seule chose qui m'appartienne vraiment.

Je ne peux échapper aux conséquences de mes actes.

Ils sont les bases qui me soutiennent.

Ce petit exercice avec les cinq rappels de soi, vous aideront à vous lier d'amitié avec vos peurs de vieillir, vos peurs de tomber malade, vos peurs d'être abandonné et vos peurs de mourir.

La naissance et la mort n'existent pas. Regardez par exemple les vagues de l'océan, il y a un début et une fin.

Ce que j'essaie de vous faire comprendre, c'est que le début d'une vague, annonce aussi sa fin.

Et la fin de la vague annonce une nouvelle vague, ainsi de suite.

La nature n'aime pas le vide, la fin de toutes choses, annonce le début d'autres choses.

Tout ce que je viens de vous dire peut provoquer de la peur et de l'anxiété.

Le but est que vous puissiez vous débarrasser de ces peurs inutiles, affronter la réalité de la vie vous permettra de vivre libre et heureux, d'arrêter simplement de vous angoisser de ce qui peut arriver.

Je suis passé par là, avant, j'avais peur de la mort, j'avais peur de la maladie etc...

Depuis que j'ai travaillé sur moi, tout ceci ne m'effraie plus.

J'accepte la vie avec ces hauts et ces bas.

Avant, ce mot mort, je n'arrivais même pas à le prononcer ni même à le voir, mais voilà, aujourd'hui, j'écris même un livre en parlant de ce sujet le plus tranquillement possible.

Ne vous habituez jamais à fuir une conversation qui vous angoisse, c'est absolument néfaste.

Beaucoup de personnes pensent que, on évitant une situation angoissante, cela ira mieux.

Et pourtant non !

Votre cerveau malheureusement s'habitue à générer encore plus d'anxiété.

Vivez votre vie quotidienne en voyant la lumière de votre être intérieur.

Pour ne pas nous laisser prendre par le petit moi.

Il faut cesser de considérer la mort comme une punition de nos péchés.

Tout ça est complètement faux, pour naître, il faut mourir.

Certaines pensées religieuses considèrent que mourir est cause de souffrance ?

Et cela se perpétue sur plusieurs générations.

Ce qui est essentiel, c'est de faire de son mieux.

Vivre pleinement sa vie en confiance que l'être divin en nous, nous guide, nous protège sur ce chemin de vie, que nous avons nous-mêmes choisis.

Toutes créations dans l'univers sont éphémères, même une feuille de papier est composé de nombreux éléments dont l'origine de sa création vient du bois d'un arbre coupé.

La colère est une création mentale. Votre amour est une création mentale.

Nous devons dissoudre cette idée et cette croyance, que nous n'existons que pour un instant à l'autre, cela engendre beaucoup de souffrances.

Nous ne sommes jamais nés en réalité et nous ne mourrons jamais.

Nous sommes ici et maintenant sur cette planète terre, parce que nous avons fait ce choix.

Forcément, nous existons déjà avant de naître, avant de prendre cette décision de naître, nous avons fait seul ce choix.

Donc très clairement avant notre naissance, notre âme existait déjà.

La naissance n'est qu'un transfert vers un corps physique pour l'âme, afin d'accumuler des expériences et évoluer ou pour purger ces dettes karmiques.

Nous portons avec nous la dimension ultime de Dieu, le monde de la non-naissance et non-mort.

Vous devez transformer votre souffrance et retrouver le bien-être, nous ne sommes même pas dans la dimension supérieure de la réalité.

Vous devez vivre votre vie quotidienne d'une manière apaisée, ressentez la vérité absolue en vous.

Le Dharma.

Nous allons approfondir le même sujet, sur les trois facteurs du Dharma.

1. L'impermanence.

2. La suffisance.

3. Le nirvana.

(La fin des désirs humains, la fin des cycles des réincarnations).

L'impermanence.

Dans l'impermanence, tout est éphémère, les plantes, les chaises, les régimes politiques, les corps, les créations mentales et pleins d'autres.

Dans la nature comme dans l'univers, rien n'est permanent et rien ne peut rester inchangés pendant deux instants consécutifs, par conséquent, il n'y a rien qui puisse être appelé un soi permanent.

L'impermanence est une forme d'idée, pour nous aider à percevoir la réalité telle qu'elle est !

À chaque instant, nous devons faire attention sur tout, tout au long de la journée.

Cette vision des choses peut nous révéler la nature de l'impermanence, que tout change parce que les causes et les conditions changent également.

L'existence de toute chose n'est possible que parce que tout le reste existe.

Par exemple, quand vous allez dans un endroit, vous étiez avant ça différent physiquement et mentalement.

Et lorsque l'on vous voit à l'arrivée de cet endroit, vous aurez des remarques telles que :

1. Tu as l'air fatiguée.

2. Tu as l'air heureux ou heureuse.

3. As-tu faim ? Etc etc...

Et pourtant, avant votre départ, vous étiez sûrement en pleine forme, vous avez mangé un morceau, mais rien de tout ça n'existe à l'arrivée.

Rien ne peut rester permanent dans le monde terrestre comme dans l'univers.

L'impermanence n'est pas nécessairement une finalité négative ou moins bonne qu'avant.

Exemple :

Un jeune garçon ne pouvait pas devenir un homme adulte.

Une jeune fille ne pouvait pas devenir une femme adulte.

La douleur ne pouvait pas devenir un soulagement.

Notre souffrance humaine vient du fait que nous voulons que les choses soient permanents, alors qu'il est juste impossible que cela soit ainsi.

Nous devons apprendre à accepter la nature des choses et à vivre chaque instant précieusement autour de nous et dans notre être intérieur.

Nous devons vivre consciemment, parce qu'une fois que les choses change.

Nous ne regretterions rien.

Profitez largement de vos moments de joies, des bonheurs, des sourires.

Profitez largement de vos moments de réussite et de gloire.

Profitez largement de vos relations amoureuses.

Profitez largement de vos moments de jeunesse, d'une bonne santé et d'un bien-être.

Profitez largement de vos moments familiaux, avec vos enfants, vos parents.

Ne remettez jamais au lendemain, ce que vous pouvez faire maintenant et ici.

J'espère que ces informations vous permettront d'apprécier pleinement la vie au présent, ce qui est là maintenant et ici, sans attachement ni oubli.

Rappelez-vous aussi que rien n'est perdu à jamais dans l'univers et rien n'est gagné pour toujours.

La suffisance.

Dans la suffisance, toutes choses doivent être en interaction avec le reste.

Rien ne peut exister séparément.

Nous devons apprendre à vivre et voir les choses telles qu'elles sont.

Une végétation fait partie de nous.

La montagne fait partie de nous.

Nos familles font partie de nous.

Cette réalité est une façon de vous permettre de vivre votre existence avec moins de souffrance et d'en profiter plus.

Entre nous, les êtres humains de toutes origines, croyons-nous bêtement que nous sommes des êtres différents des autres et nous nous affrontons en permanence et pourtant en réalité, nous faisons tous partie d'une même réalité.

Nous sommes ce que nous voyons à travers notre sens de la vue.

Nos yeux ne peuvent pas exister sans nous.

Je peux humblement vous affirmer, que nos yeux ne peuvent pas avoir une existence en dehors de nous.

Dans votre existence, tout vient de choses qui ne sont pas vous.

Par exemple :

Vos parents seront heureux si vous êtes heureux.

Votre vie relationnelle est dans le bonheur, parce que votre partenaire aussi vie dans le bonheur.

Le bonheur ne peut pas être quelque chose d'individuel.

Vous devez apprendre à observer les choses telles qu'elles sont.

Le Nirvana.

L'être divin en nous est à l'origine de tout ce qui existe.

Une vague n'a pas besoin de mourir pour devenir de l'eau, il est déjà de l'eau.

L'eau est une substance de la vague.

L'être humain porte en lui la base de l'être intérieur, du monde de la non-naissance et de la non-mort, de l'apaisement total.

L'impermanence est le monde phénoménal, comme les vagues.

L'essence divine est la base de tout ce qui existe.

Les vagues ne peuvent pas exister en dehors de l'eau.

Quand vous voyez les vagues, vous voyez forcément en même temps l'eau.

Le jour où votre conscience sera éveillée, vous percevrez la réalité, vous ressentirez l'essence divine ici et maintenant.

L'essence divine est la fin de tous les concepts, comme par exemple :

La naissance.

La mort.

Le non-être.

Nous devons faire communion avec cette réalité relative, nous devons ressentir la vie plus profondément, cette réalité doit être vécue différemment.

La naissance veut dire, devenir quelque chose et la mort veut dire passer à quelque chose.

Sans la naissance, rien ne peut devenir quelque chose.

Notre âme existe déjà avant notre naissance, nous connaissons déjà nos parents, avant le moment de la naissance.

Nous avons déjà existé sous plusieurs formes et notre naissance n'est qu'une continuité.

Prenons un exemple :

Une feuille de papier qui brûle, ne plus une feuille de papier, mais elle se transformera en cendres.

Ce phénomène appelé la mort n'est qu'un moment de continuité.

Il n'y a pas de fin dans l'univers, nous sommes aussi une continuité des vies antérieures.

Cette notion de la naissance et de la mort, cré beaucoup d'angoisses, parce que nous ignorons cette réalité.

C'est complètement illusoire de croire que la mort est une fin de toutes choses.

Les exemples sont multiples que la nature nous démontre sans cesse.

Un arbre coupé et il y a un autre qui repousse sans même l'intervention humaine.

Il faut absolument intégrer l'existence de l'impermanence, pour dissoudre enfin nos inquiétudes, il est essentiel de comprendre le vrai.

Toutes ces idées génèrent en nous de la souffrance et de la peur, qu'il y a une fin.

Vous devez intégrer ces concepts que je vous propose à présent, un petit exercice pour abandonner cette idée d'une fin.

Rappelez-vous chaque jour mentalement de ceci :

1. Il n'existe pas de naissance.

2. Il n'existe pas de décè.

3. Rien dans l'univers n'est permanent.

4. La non-dissolution.

5. La non-arrivée.

6. Le non-départ.

7. Le non-unité.

8. La non-multiplicité.

Vous pouvez et vous devez mettre en pratique cette méthode pour percevoir l'essence divine.

L'expérience est le seul chemin vers la vérité, au-delà des idées reçues des certaines religions.

Vous pouvez percevoir le monde de naissance et de la mort, ici même dans ce monde physique.

Ne cherchez pas ailleurs ce qui se cache en vous.

Que faites-vous, lorsque vous voulez percevoir les vagues ?

Vous percevez la mer.

La mer et les vagues sont d'une même substance.

Comme notre être divin et le non-être, ont la même substance.

Le nirvana, c'est la paix, il fait taire la souffrance, elle nous apprend que nous sommes déjà ce que nous désirons être et ressentir notre vraie nature divine.

Contrairement à certaines idées reçues, la souffrance humaine n'est pas un élément fondamental de l'existence.

La souffrance n'est qu'une sensation.

Conclusion.

Une fois que l'être humain s'éveille, comment reconnaîtrons-nous le maître intérieur ?

Vous le savez sûrement que le soleil n'a pas besoin de flambeau pour le rendre visible.

Nous n'avons pas besoin de porter des lunettes spécifiques pour le voir !

Dès lors, le soleil se lève, nous en avons conscience et lorsque le maître divin en vous se manifestera, l'âme reconnaîtra instinctivement que la vérité a déjà commencé à briller pour elle.

Cette vérité pénétra dans chaque recoin de votre intime, en sa présence, tout l'univers se lèvera et la sagesse se manifestera comme la lumière du soleil.

Aucune âme impure ne peut être réellement spirituelle, la pensée, la parole et les actes de pureté sont absolument nécessaires pour l'être spirituelle.

L'être humain ne reçoit que ce qu'il a demandé.

Personnes ne peut recevoir autre chose que ce que son propre cœur a choisi.

Participé à des groupes de parole religieuse ou encore lire des livres religieux, ne prouve pas vraiment que le cœur en ressente un véritable besoin.

L'éveil peut se manifester en quelques jours, quelques mois, quelques années, quelques vies, voire une centaine de vies.

Mais parfois aussi l'éveil peut être atteint immédiatement et nous devons être prêts à attendre avec patience, même pendant un temps qui pourrait sembler infini.

Vous devez avoir un esprit de persévérance, vous finirez certainement un jour par atteindre le succès et la réalisation.

Beaucoup des personnes lisent des livres religieuses et mettent toutes leurs espoirs d'atteindre l'illumination juste avec des mots.

Seule l'expérience mène à la connaissance de l'espril et crée le véritable être spirituelle.

N'allez pas chercher ailleurs, car vous avez tout ce qui est nécessaire pour votre évolution spirituelle.

Petite histoire :

Un jour, un disciple du Bouddha Siddhartha Gautama se plaint auprès de lui !

Que Bouddha ne répond jamais à ses questions concernant le début et la fin de l'univers.

Non plus sur les questions de la raison de toutes les souffrances dans ce monde physique.

Et un jour Bouddha lui répond :

C'est comme si une personne ayant été blessée par une flèche empoisonnée disait !

Pourquoi cela m'est-il arrivé à moi ?

D'où vient cette flèche ?

Qui l'a lancée ?

Ce sont des questions inutiles, qui ne l'aident pas, dit le Bouddha à son disciple.

L'important, c'est de lui retirer la flèche !

Il faut chercher ce qui provoque la souffrance, et non le but ni la raison de la souffrance.

" J'espère que vous avez apprécié cet ouvrage. "

Printed by Books on Demand GmbH, Norderstedt / Germany